7
LK 2116.

PÉLERINAGE
DE
NOTRE-DAME DE CLÉRY.

NOTICE HISTORIQUE.

Se vend au profit du Sanctuaire de Cléry.

ORLÉANS,
Chez Alphonse GATINEAU,
Libraire de l'Évêché.
—
1854.

APPROBATION

DE MONSEIGNEUR L'ÉVÊQUE D'ORLÉANS.

Nous donnons avec joie notre approbation à cet opuscule sur l'église et le pèlerinage de Notre-Dame de Cléry ; et un des vœux les plus chers de notre cœur sera rempli, si ce petit livre contribue à réveiller dans notre diocèse la dévotion envers la très-sainte Vierge, et spécialement le saint zèle qui conduisait autrefois tant de pieux pèlerins à Notre-Dame de Cléry.

† FÉLIX, *Évêque d'Orléans.*

Orléans, le 4 septembre 1854.

ORLÉANS, IMP. D'A. JACOB.

PÉLERINAGE

DE

NOTRE-DAME DE CLÉRY.

―――oo⁖⊛⁖oo―――

« L'église de Cléry (1) est renommée par tout le royaume et en plusieurs endroits de la chrétienneté *pour les miracles*, voyages et pélerinages qui s'y font de tout côté de l'Europe avec une dévotion singulière. »

Ainsi s'exprime l'un des historiens de la ville d'Orléans, Lemaire.

Et quand on a lu de telles paroles, il est impossible de ne pas désirer de connaître Notre-Dame de Cléry.

―――

(1) Cléry, chef-lieu de canton, situé entre la Sologne et le Val (Loiret), dans une position charmante, se trouve à 14 kilomètres sud-ouest d'Orléans ; outre l'église, on y montre encore la maison qu'habitait Louis XI, celle de Charlotte de Savoie, son épouse, l'hôtellerie où descendaient Louis XIII et Louis XIV et une statue dite de la grande Jeanne.

Quel est ce pélerinage? à quels faits doit-il sa célébrité? qu'en reste-t-il encore? Telles sont les questions qui se présentent naturellement à l'esprit.

Je vais tâcher d'y satisfaire, mais rapidement; Notre-Dame de Cléry mérite un historien, et le peu de temps que j'ai devant moi ne me permet que de donner une notice bien abrégée.

Puisse Notre-Dame de Cléry bénir ce travail qui lui est consacré!

I.

La dévotion envers la très-sainte Vierge est aussi ancienne que l'Église. Le Verbe fait chair en fut le premier et le plus éloquent prédicateur. Il nous apprenait à la vénérer toutes les fois qu'il l'appelait sa mère ; mais il voulut nous embraser d'amour pour elle quand, du haut de sa croix, il nous dit, dans la personne de saint Jean : *Voilà votre mère*. Marie, dès lors, devait avoir un sanctuaire à côté du Calvaire ; elle devait trouver un autel partout où l'on dresserait un temple au Dieu véritable.... Dès que notre cœur sent le besoin de prier son Dieu, peut-il oublier de se ménager l'intercession de Celle que le Sauveur lui-même voulut bien nous donner pour mère?

C'est la raison pour laquelle l'origine d'un très-grand nombre de sanctuaires de Marie se perd dans la nuit des temps, et semble se confondre avec la naissance du christianisme lui-même.

Il en est ainsi pour Notre-Dame de Cléry. La légende de saint Liphard de Meung nous montre une chapelle de Notre-Dame subsistant déjà à Cléry en 550.

Certains critiques ont voulu contester l'autorité de cette légende ; mais nous n'oublierons pas que nous sortons d'un siècle qui se donnait le triste privilége de nier tout ce qui dépassait tant soit peu l'ordre naturel. La science véritable, depuis lors, a déjà donné de nombreux et humiliants démentis à cet esprit d'incrédulité. Nous n'avons pas à contester ici ; il nous semble qu'alors même que l'on pourrait élever certains doutes sur des faits particuliers de la vie de ce saint, cela n'infirmerait en rien l'existence de la chapelle de Marie. Mais ce que je lis dans les *Recherches historiques sur la ville d'Orléans,* par Lottin père, dissipe tous les doutes. Il y est dit, à la date de l'année 550 : « Sous le règne de « Childebert, les habitants d'un petit hameau nommé « Cléry sont autorisés par l'Évêque de la province « à construire pour leur usage un oratoire qui fut « dédié à la mère de Dieu. » Comme autorités, il cite les manuscrits d'Orléans, ceux d'Hubert, et Lemaire. Le même auteur, à l'année 1280, revient sur l'origine de Cléry, voici dans quels termes : « Des « laboureurs du bourg de Cléry, près d'Orléans, « trouvent sous le fer de leur charrue une statue de « la Vierge, la placent dans leur petite chapelle qui

« avait été bâtie en 550, du temps du règne de
« Childebert, sous le nom de la *Mère de Dieu*,
« mais qui perdit ce nom pour prendre celui de
« Notre-Dame de Cléry qu'elle porte encore aujour-
« d'hui. » Cet auteur a puisé aux sources; il cite
des autorités qu'il est facile de consulter; il nous
semble mériter quelque confiance.

C'est donc en 550 qu'une chapelle a été bâtie à
Cléry, sous le patronage de la mère de Dieu; et
c'est au moins à partir de cette époque que la sainte
Vierge est honorée en ce pélerinage; car, remarquons que l'invention de la statue n'a pas créé cette dévotion; elle lui a simplement donné une nouvelle impulsion, elle l'a rendue plus locale; et la mère de Dieu, y a été invoqué sous le nom de *Notre-Dame de Cléry*.

O bonne mère, soyez toujours la patronne de Cléry; continuez à y siéger en qualité de reine, de protectrice, de mère; que l'Orléanais, que la France entière, que tout l'univers continuent à y ressentir votre protection.

Mais ici surgit une nouvelle difficulté: dans cette statue, les bons habitants de Cléry et avec eux la France entière, virent l'image de la sainte Vierge, et un écrivain de notre époque nous dit avec beaucoup d'ingénuité: *Nous la reconnaîtrions peut-être aujourd'hui pour une des nombreuses divinités adorées par les Romains et par les Gau-*

lois; puis, dans une note, il donne les motifs de cette opinion : « Il nous semble impossible de croire « qu'on ait alors trouvé une représentation de la « Vierge, car nous savons que les premiers chré- « tiens des Gaules, peu versés dans les arts, ne « firent point ou très-peu de statues. »

Mais cette statue n'était pas un chef-d'œuvre; le fait avait lieu en 1280, c'est-à-dire après le règne de Charlemagne, lorsque depuis près de neuf cents ans le christianisme fleurissait dans l'Orléanais et en particulier dans tous les pays qui entouraient Cléry; d'ailleurs, il resterait à démontrer que les chrétiens de cette époque auraient consenti à reconnaître les traits de la sainte Vierge dans une idole païenne.

Continuons. L'image de la sainte Vierge trouvée par les habitants de Cléry, et dont ils s'étaient crus redevables à une faveur spéciale de la Providence, fut exposée en leur chapelle, et dès lors la dévotion envers cette divine protectrice prit un accroissement extraordinaire.

Presque aussitôt, en effet, les plus grands seigneurs et les rois de France eux-mêmes, frappés de la dévotion des peuples envers ce sanctuaire et de la multitude des pèlerins qui s'y rendent de toute part, commencent à s'en occuper et viennent y porter leurs vœux et leurs royales offrandes.

Dès 1300, Simon de Melun, maréchal de France,

seigneur de la Salle-lez-Cléry, du consentement de Philippe-le-Bel et avec l'approbation de Bertrand, évêque d'Orléans, y avait institué cinq prébendes qui devaient être occupées par cinq prêtres, chanoines, dont le premier avait le titre de doyen.

Peu content d'avoir approuvé cette fondation, Philippe-le-Bel double le nombre des prébendiers et les dote à ses frais.

Mais cela ne lui suffit pas; il fait don à ce sanctuaire d'une cloche qui était à cette époque une des plus belles et des plus fortes qui se trouvassent en France.

Il a même l'intention d'en rebâtir l'église et commence, en effet, la construction d'une tour et d'un porche qui subsistèrent long-temps après, mais la mort vint empêcher l'accomplissement de ce projet.

Philippe de Valois, héritier de sa dévotion et de ses projets, fut plus heureux que lui. Il vint lui-même, en 1330, poser la première pierre de cet édifice et eut le bonheur de le terminer. On retrouve à Cléry le royal pélerin en 1334.

A son tour, il lui fit don d'une magnifique cloche, qui, réunie à celle donnée par Philippe-le-Bel, forma la sonnerie de ce temple, la plus belle qui fût dans le diocèse.

Rien ne manquait à Notre-Dame de Cléry: belle église, belle sonnerie, chapitre richement doté, trésor rendu somptueux par la piété des peuples et la munificence des rois, faveurs apostoliques.... Dieu lui réservait une cruelle épreuve.

Orléans était assiégé par les Anglais, et le comte de Salisbury, leur général, se souvint que tout près se trouvait un riche sanctuaire. Il envoya des troupes pour le dévaster. La profanation fut consommée : les soldats rapportèrent à leur camp les vases sacrés, les ornements et une belle cloche.

Des historiens ont prétendu que le sacrilége ne s'arrêta pas là ; mais, dans tous les cas, il ne resta pas long-temps impuni.

Le 26 octobre 1428, sur le soir, au moment où, par la fenêtre d'une tourelle dont il s'était emparé le jour même, le général anglais veut examiner l'état de la ville, un coup de pierrier le blesse à la tête. Il mourait peu de jours après à Meung-sur-Loire, où on l'avait transporté.

Certes, je suis loin de voir en cela un miracle ; mais les historiens ont parlé de cette mort comme d'un châtiment, et je les trouve conséquents, car je sais qu'on ne s'attaque pas impunément aux temples du Dieu vivant, ni aux sanctuaires de Marie, et je ne croirais pas aller trop loin en ajoutant que la profanation de Cléry hâta peut-être pour les Anglais l'heure des justices, et pour la France celle des miséricordes.

Quoi qu'il en soit, les beaux jours ne tardèrent pas

à reparaître pour Notre-Dame de Cléry : Louis XI acquit ce sanctuaire du comte de Dunois, et mit tout en œuvre pour ajouter encore à ses antiques splendeurs.

Il est dans ce prince, qui eût été grand, si toujours la justice avait présidé à ses conseils, des contrastes qui frappent. On découvre en lui les qualités les plus opposées, comme les actes les plus contradictoires. Nous n'avons ni à défendre ses œuvres, ni à résoudre le problème de son règne ; mais il est de fait qu'il avait envers la sainte Vierge une dévotion pas toujours assez conséquente, il est vrai, mais vive, généreuse et constante. On doit même convenir que cette dévotion ne lui fut pas inutile, quand on se souvient qu'après une telle vie, il eut le bonheur d'être préparé à la mort par saint François de Paule, de telle sorte que l'on a pu écrire de lui : « Il « mourut avec une grande espérance de salut pour « la dévotion singulière qu'il portait et la confiance « qu'il avait aux prières de la mère de Dieu. » (GUYON.)

De tous les sanctuaires de Marie que vénérait ce prince, on peut dire que nul ne lui était aussi cher que celui de Notre-Dame de Cléry.

C'était là qu'il avait pris et fait bénir la petite statue de Marie qu'il portait toujours fixée extérieurement à son chapeau ; c'est vers ce sanctuaire qu'il adressait ses vœux les plus fervents ; c'est là qu'il se rendait souvent, pieux et libéral pélerin ; c'est là qu'il choisit le lieu de sa sépulture et qu'il fit creuser son tombeau. Tellement, qu'au dire de Guyon, « il « prit quelquefois plaisir, durant sa vie, à s'y mettre, « prenant la mesure de son corps, pour voir si le « lieu était juste et bien proportionné pour le rece- « voir après sa mort. »

Une première fois, il avait fait réparer ou plutôt reconstruire cette église avec une magnificence toute royale. « Or, il arriva, par un fâcheux accident, le « 14 may 1472, que comme on parachevait la cou- « verture de cette église, un plombeur travaillant à « la dite couverture, et se sentant obligé de des- « cendre en bas pour quelque sujet, laissa en haut « son feu où il chauffait ses fers à souder, et le vent « venant à souffler dans ce feu, l'accrut tellement, « qu'il s'envola et s'épandit le long de la charpente- « rie, en telle façon que tout fut bruslé et tomba « par terre, sans qu'on y pût apporter remède. » (Guyon.)

Louis XI, sans se laisser décourager par ce désastre, se remit à l'œuvre et enrichit Cléry du monument qui, maintenant encore, malgré les dévastations de l'hérésie et les mutilations du marteau révolutionnaire, commande le respect et nous pénètre d'admiration.

C'est alors que commencent les années les plus prospères de ce sanctuaire.

Enrichi par des munificences royales, doté d'un chapitre qui marchait de pair avec celui de la Sainte-Chapelle, et à la tête duquel nos rois ne dédaignaient pas d'aller s'asseoir en surplis, chappe et aumusse; doté des priviléges et faveurs du Saint-Siége, il recevait des présents des rois et des peuples. Metz et Calais y envoyaient, comme *ex-voto*, la représentation de leur ville en argent. Il voyait venir se prosterner au pied de ses autels les têtes couronnées, aussi bien que les simples particuliers, et c'était de véritables pélerinages. Plus d'une fois, des rois et des reines de France y vinrent de Paris à pied, et, malgré la fatigue, s'en retournèrent de la même manière.

Lors de son passage en France, Charles-Quint voulut le visiter et s'y trouva avec François Ier. En 1560, le duc de Guise, qui était à Orléans, fit ce pélerinage; toute la cour et la noblesse l'y suivirent à pied. Le 18 mars 1584, Henri III, venant de Chartres, s'y rendit à pied avec soixante seigneurs. En 1659, j'y vois arriver Louis XIV, et en 1715 le duc de Bavière. Il est impossible de nommer tous les grands personnages qu'y conduisit leur dévotion ou qui firent déposer aux pieds de Marie leurs présents et les témoignages de leur reconnaissance. Nous renonçons même à faire connaître toutes les sépultures illustres que recouvrent ses parvis. Qu'il nous suffise de nommer, après Louis XI, Charlotte de Savoie, son épouse, le valeureux Dunois et Charles VIII qui voulut que son cœur y fût déposé.

Oh! toutes ces gloires me touchent bien moins que cette foule simple et pieuse qui accourt par tous les chemins et de tous les pays. C'est une mère désolée qui vient demander la conservation du pauvre enfant infirme qui déjà lui a coûté bien des larmes, mais auquel elle dévouerait volontiers sa vie tout entière. C'est une jeune épouse dont la tendresse alarmée vient solliciter de Marie la guérison d'un époux avec qui elle commençait à couler des jours heureux, et que la mort menace de lui ravir. C'est un infirme, c'est un malade qui, arrivé avec bien de la peine, ne veut pas s'en retourner sans que la bonne Vierge ait eu compassion de son infirmité. C'est une âme désolée qui réclame la paix. On vient porter à l'autel de Marie toutes les angoisses; on se sent soulagé quand on lui a confié ses peines et ses douleurs.

Mais d'où vient cette grande confiance? A quoi tiennent ces splendeurs qui couronnent Notre-Dame de Cléry?

II.

Quand un vase précieux est entr'ouvert, plein du plus excellent parfum, il ne faut pas demander d'où vient l'odeur suave qui embaume l'appartement. Quand une mère tendre et aimante comble de ses caresses maternelles et de ses soins empressés des enfants chéris, il ne faut point demander pourquoi ces enfants se pressent contre son cœur.

Le nom de Marie est un parfum délicieux; il suffit qu'il soit prononcé quelque part avec amour, pour que toutes les âmes en ressentent la suavité.

Marie est la plus tendre des mères; partout où on l'invoque, elle accourt, et vous pouvez être assurés qu'elle aura une consolation pour toutes les larmes, un remède pour tous les maux, un secours contre toutes les attaques, un soulagement à toutes les misères, un sourire pour chacun de ses enfants.

Oh! le secret d'obtenir la grâce est très-simple : *invoquez Marie; c'est par elle que Dieu a voulu nous faire arriver toutes ses faveurs.*

Voilà les causes véritables des splendeurs de Notre-Dame de Cléry.

Nous l'avons vu, le culte de Marie était ancien dans le bourg de Cléry, et un fait tout providentiel vint le raviver encore et fixer, si je puis parler ainsi, le trône de la reine des cieux dans ce lieu fortuné.

On s'est beaucoup ingénié à découvrir ce que pouvait être l'image qu'on y vénère... Moi, je n'ai pas besoin de savoir ce qu'elle avait été; peu m'importe le nom de l'ouvrier qui l'ébaucha, et l'intention qu'il se proposa dans ce travail, et les circonstances qui le firent enfouir. Les faits parlent assez haut: c'est la Providence qui a dirigé la charrue du bon laboureur; c'est la Providence qui l'a fait découvrir, et Marie, sous cette modeste image, a voulu se poser protectrice de Cléry, de l'Orléanais, de la France; je dirai mieux : de l'univers entier. Ah ! je l'en remercie.

Rappelons-nous, en effet, les paroles par lesquelles nous avons commencé cette notice : « L'église de « Cléry est renommée par tout le royaume, et en « plusieurs endroits de la chrétienté, par les mira- « cles, voyages, pélerinages qui s'y font de tous cô- « tés de l'Europe avec une dévotion singulière. »

Ces prières et ces pélerinages ne restaient pas sans effet... Nous regrettons vivement que les annales de Notre-Dame de Cléry aient été détruites. La multitude d'*ex-voto* qui étaient appendus à ses murs, la richesse des présents qu'entassa la reconnaissance dans ses trésors, et les souvenirs confus qui restent encore, tout nous fait croire que nous y lirions les faits les plus touchants et les plus merveilleux.

Recueillons quelques traits conservés par l'histoire; nous y trouverons la raison de la dévotion de Louis XI envers notre glorieuse protectrice. C'est dans l'*Histoire d'Orléans*, par Guyon, que nous allons puiser : « Lorsqu'il n'était encore que dauphin, « nous dit cet auteur, estant allé faire la guerre en « Normandie, il assiégea la ville de Dieppe, tenue « par les Anglais, et voulant attaquer la bastille « très-forte, il fut adverti par Jean comte de Dunois

« d'avoir recours à Dieu et à Notre-Dame de Cléri.
« Il gousta ce conseil et l'exécuta incontinent : car
« se faisant montrer le quartier où était l'église de
« Cléri, et se tournant du côté où estait cette église,
« il voua à Dieu qu'il donnerait au dit lieu son pe-
« sant d'argent, s'il plaisait à sa divine Majesté lui
« donner bon succès de son entreprise, et de faire
« cet assaut sans danger. Le vœu fait, la place fut
« attaquée et emportée avec peu de perte de nos
« gens, les Anglais chassés, et la ville réduite à l'o-
« béissance du Roi. Et par cet heureux commence-
« ment fut comme frayé le chemin à la réduction de
« toute la Normandie, laquelle, en peu de temps, se-
« coua le joug étranger et se remit à gouster l'hon-
« neur d'être une des belles provinces de l'empire
« français.....

« Le dauphin ayant été ainsi exaucé et secouru
« du ciel, s'en vint à Cléri remercier Dieu et la
« Vierge sacrée, paya son vœu, des deniers duquel
« furent commencés les fondements de l'église de
« Cléri, laquelle fut en peu de temps parachevée
« par le soin et libéralité de ce prince, qui épar-
« gnait de son ordinaire pour achever cette basili-
« que vrayement royale, et sanctuaire de dévotion
« où la reine des cieux, la sacrée mère de Dieu,
« fait paraître à ses dévots serviteurs la force et la
« vertu de sa protection maternelle, et de son in-
« tercession très-efficace. »

Nous avons peut-être trop prolongé cette citation ; mais l'auteur y parle en termes si touchants de notre sanctuaire, que nous n'avons pu résister au désir de l'entendre jusqu'au bout.

Ce fait, il l'avait recueilli dans une requête présentée par les chanoines de Cléry au roi Charles VIII.

Plus haut, il rapporte comment ce même prince vint demander et obtint sa guérison dans le même sanctuaire : « Il y fit sa prière pendant neuf jours « et sentit l'effet des intercessions de cette mère de « miséricorde, car il eut un si grand allégement, « qu'il recouvra parfaitement sa santé, en sorte qu'il « ne lui restait ni douleur, ni incommodité de sa « maladie. »

Ailleurs il nous le montre venant demander et obtenant un héritier pour le trône de France : « L'an « de grâce 1461, il vint de rechef à Cléri, avec « grande humilité et dévotion, rendre grâces à Dieu « et le prier, par l'intercession de la glorieuse « Vierge, son advocate, de lui donner un fils qui « fût son héritier et digne successeur de la cou- « ronne de France, ce que Dieu lui accorda. »

En ce temps-là, les rois eux-mêmes croyaient que Dieu peut entendre nos vœux, et qu'auprès de lui Marie est une puissante auxiliatrice. Alors Dunois, avant de monter à l'assaut, demandait des prières, et Louis Gonzague, duc de Clèves, blessé par une mousquetade au siége de Beaugency, faisait un vœu à Notre-Dame de Cléry, pour obtenir sa guérison. Alors le marin, le soldat, le général lui-même, qui, après s'être recommandés à la Vierge, échappaient à quelque grand péril, venaient l'en remercier en toute humilité. Alors aussi les historiens pouvaient écrire en toute simplicité : « *Elle* (la chapelle de « Notre-Dame de Cléry) fut aussi en même temps, « et depuis, fort souvent illustrée de plusieurs mi-« racles que la bonté de Dieu y a opérés à l'hon-« neur de la sainte Vierge. » (GUYON.) Aujourd'hui, il faut un certain courage pour rapporter ces faits, et cependant l'action surnaturelle apparaît constamment dans le monde, et des faits inexplicables sans un ordre supérieur viennent constamment nous frapper. Mais, pour s'en rendre raison, on recourra aux suppositions les plus exorbitantes, et l'on niera l'évidence, plutôt que de convenir qu'il est au monde des forces autres que les agents physiques. Il semble que plus volontiers on croirait aux opérations malfaisantes de Satan qu'aux œuvres miséricordieuses de Dieu et de ses saints. Cette considération ne nous empêchera pas d'inscrire ici un fait qui a eu trop de retentissement pour qu'on puisse l'omettre.

Voici comment le raconte Guyon dans son *Histoire d'Orléans* : « Entre ces excellents miracles « qui se sont faits en cette église de Cléry, on en « raconte un bien prodigieux, tant à cause qu'il est

« fort extraordinaire que pour ce qu'il a *duré fort
« long-temps*. C'est qu'il y avait un grand cierge
« devant l'image de la Vierge, attaché d'une grosse
« chaîne de fer, à qui Dieu avait donné cette vertu,
« que si quelque pélerin se trouvait en danger de
« mort, soit sur la terre, soit sur la mer, et faisait
« vœu pour sa délivrance d'aller à Notre-Dame de
« Cléri, le cierge faisait un tour ou deux avec un
« bruit si violent, que le peuple de Cléri, l'enten-
« dant, courait incontinent à l'église et voyait tour-
« ner ce cierge sans aucun ayde du dehors, quoi-
« que dix hommes ensemble ne l'eussent peu tour-
« ner ; et plus de cent fois on a trouvé, par expé-
« rience, que ce mouvement s'était fait à la même
« heure que le vœu avait été prononcé. »

L'historien ajoute : « Cette merveille et plusieurs
« autres faveurs célestes ont attiré les Orléanais, de
« tout temps affectionnés au service de la glorieuse
« Vierge Marie, à fréquenter cette église de Notre-
« Dame de Cléri. »

François Poiré, en son livre de la *Triple Couronne de la Vierge*, et François Lemaire, en ses *Antiquités d'Orléans*, rapportent le même fait, qui, d'après l'*Album du Loiret*, est également relaté par André Duchêne.

Quand un événement s'appuie sur de tels témoignages, il est plus facile de le nier que d'en démontrer la fausseté. Je fais la part du saint enthousiasme des populations religieuses ; mais quand on me parle des bontés de Marie, peu de choses me semblent incroyables ; son amour dépasse toutes les limites.

Voyons maintenant ce qui reste de ce célèbre pélerinage.

III.

Les jours mauvais qui dévastèrent l'église de Dieu et désolèrent ses enfants, n'épargnèrent pas le sanctuaire de Notre-Dame de Cléry. L'hérésie passa la première et laissa des traces douloureuses de son funeste passage ; l'impiété est venue ensuite et a continué l'œuvre de destruction commencée par sa sœur aînée.... On s'étonne, lorsque l'on se rappelle les effets de cette double tempête, que Notre-Dame de Cléry subsiste encore.

Lorsqu'en 1562 les protestants se furent emparés d'Orléans, ils ne tardèrent pas à laisser éclater la fureur dont ils étaient animés contre nos saints temples. L'église de Cléry, comme consacrée à la sainte Vierge, avait droit à leur préférence. Ils ne l'oublièrent pas. Peu satisfaits d'une visite, ils vinrent s'y établir comme dans une place de guerre ; et lorsque le marquis d'OElbeuf vint les y attaquer, les cloîtres du chapitre leur servirent de forteresse. Ils n'eurent pas le plaisir cependant de s'emparer de ses trésors ; les chanoines avaient eu le temps de se retirer et les avaient mis en sûreté. Ils furent réduits à se ruer contre les cendres des morts. Ce sont presque les expressions dont se sert Guyon : « A « Cléry, dit-il, n'ayant trouvé, comme ils espéraient, « aucune châsse, ni argenterie, ils se ruèrent sur le « sépulcre du roi Louis XI, coupèrent bras et jam- « bes à son effigie de cuivre, qui était sur ledit « tombeau, puis rompirent le monument et *brûlè- « rent ce qu'ils trouvèrent dedans.* » Cette dernière expression de Guyon est remarquable, car il paraît que les profanateurs des tombeaux ne goûtèrent pas la joie barbare de trouver les cendres royales : nous verrons plus bas qu'elles ont été conservées. L'auteur continue : « Ils en firent de « même à la chapelle de Longueville (le tombeau « de Dunois), où étaient inhumés plusieurs seigneurs yssus du sang royal, les corps desquels « furent jetés aux chiens par ces chiens enragés. »

Il est évident encore, par les expressions mêmes de notre auteur, que les ossements de Dunois ne furent pas détruits : la tourmente passée, on n'eut que la peine de les remettre dans leurs tombeaux profanés. L'histoire ne nous donne pas d'autres détails sur ces dévastations ; mais elles furent telles, que la révolution ne trouva que très-peu à faire. Le trésor de l'église avait été volé en 1631 : il avait pour pièce principale un précieux reliquaire renfermant une épine de la sainte couronne et diverses autres reliques. Voici comment Guyon raconte cette

soustraction sacrilége : « Or, cette sainte épine de
« la couronne de Notre Seigneur Jésus-Christ, qui
« fut donnée (par Louis XI) à Notre-Dame de Cléry,
« y a été conservée jusqu'à notre temps, étant en-
« fermée dans un beau crystal luisant, enchassé en
« or, où elle était exposée aux dévots pèlerins, pour
« être par eux baisée et honorée : mais, hélas ! par
« un accident funeste et déplorable, l'an 1631, le
« trésor de l'église de Cléry ayant été volé par quel-
« ques mauvais garnements, cette précieuse épine
« plus riche que tous les trésors d'or et d'argent a
« esté perdue. »

Lors donc que vint la tourmente révolutionnaire, le trésor ne se composait plus que des dons offerts depuis 1631. On ne dit point s'il tomba entre les mains des dévastateurs ; mais ils voulurent avoir leur part de destructions.

Louis XIII avait fait restaurer le tombeau de Louis XI et avait remplacé la statue de bronze par une autre en marbre blanc, travail exquis de Michel Bourdin, sculpteur orléanais d'un rare talent ; la révolution mit en pièces cette statue, renversa le jubé qui fermait le chœur des chanoines et recouvrait l'autel de la sainte Vierge ; elle s'amusa ensuite à effacer les figures et gratter les armoiries jusque sous les voûtes. Elle ne se refusa pas non plus le plaisir de descendre dans le sépulcre de Louis XI et Dieu le permit peut-être pour que nous eussions la

certitude que les sépultures royales n'avaient pas été dépouillées, au temps du protestantisme, des cendres qu'elles renfermaient. Voici ce que nous lisons dans l'*Album du Loiret :* « Nous croyons de quel-
« que intérêt de consigner ici les notes que nous
« avons particulièrement conservées sur l'ouverture
« du caveau sépulcral de Louis XI, à laquelle nous
« étions présents. L'entrée dont la voûte avait été
« détruite est tournée vers l'ouest. Dix à douze mar-
« ches conduisent dans l'intérieur peu spacieux et
« alors obstrué par quelques décombres. Une tombe
« en pierre, de grande dimension, placée à droite
« et découverte, contenait des ossements, des frag-
« ments d'étoffe de soie et de velours de soie rouge,
« mêlés avec de la terre et des débris de vitraux
« peints. Les ossements ayant été extraits, il nous
« a semblé en reconnaître une portion appartenant
« à un squelette d'homme, une autre à un squelette
« de femme et quelques-uns à un squelette d'enfant.
« Deux têtes, dont une évidemment sciée, proba-
« blement pour être embaumée, se trouvent en
« dessus et en dessous des décombres. A gauche
« du caveau, sur des pierres, était une boîte en bois
« qui tomba presque entièrement en poussière; elle
« avait été liée par des rubans scellés d'un cachet
« de cire d'Espagne rouge, portant les armoiries
« d'un évêque ou d'un abbé, ayant en chef trois
« fleurs-de-lis surmontées de trois épées nues. Près
« de là était déposé un vase de verre enveloppé

« d'un enduit blanchâtre semblable à du plâtre,
« mais extrêmement dur; le verre, sans être altéré,
« était cependant rayé et très-irrisé; il contenait
« un substance assez semblable à une éponge à
« demi-consumée, et sa forme indiquait un cœur.
« Le nom d'un individu habitant Beaugency, écrit
« sur le mur du caveau avec du charbon et la date
« de 1792, engagèrent à envoyer chercher cet
« homme par un gendarme; intimidé peut-être par
« cet appareil, il donna peu de renseignements; il
« dit seulement qu'il était entré en 1792 dans le ca-
« veau par ordre de l'autorité, et qu'il en avait
« extrait un cercueil en plomb enfermé dans un
« autre de pierre, dont le couvercle avait été aussi
« enlevé; que les ossements avaient été remis pêle-
« mêle dans le cercueil et le caveau rebouché. On
« apprit aussi qu'un chanoine (M. Creuzé) avait prié
« les administrateurs de Cléry de mettre dans le ca-
« veau, une boîte remplie de reliques apportées de
« Rome et conservées dans la sacristie. Quant au
« vase contenant un cœur, nous avons lieu d'être
« assurés par les renseignements subséquents, que
« c'était celui de Charles VIII; car, en 1634, le 16
« mars, des paveurs le trouvèrent en travaillant dans
« la grande nef, et on le mit dans le caveau du roi;
« il est probable que sa première enveloppe de
« plomb ou d'argent a disparu en 1792 avec le cer-
« cueil de plomb. »

On voit qu'il n'est pas question du tombeau du

comte de Dunois de Longueville ; c'est que la révolution n'y toucha point. Une dame très-âgée, interrogée à cet égard, a montré la place du tombeau à la chapelle où sont actuellement les fonds baptismaux, et a déclaré que cette tombe n'avait pas été remuée.

Revenons maintenant. Nul ne peut dire comment fut conservée l'image de la sainte Vierge, et cette conservation ne m'en semble que plus providentielle. Les vieillards que nous avons pu consulter se souviennent que lors de la destruction du jubé, en 1793, elle fut placée derrière l'autel, entre les deux colonnes, puis portée dans la salle du Chapitre, d'où elle ne fut plus sortie pendant les jours mauvais.... Mais qui la préserva des fureurs de l'impiété ?

Quant au temple lui-même, il vit l'abomination de la désolation, et dut peut-être à cette circonstance de n'avoir pas été détruit ; on y exposa vivante l'idole de la Raison et une cavalcade sacrilége pénétra dans les parvis sacrés pour fêter cette idole impure. Certes, ils descendaient bien bas ceux qui prétendaient sortir des ténèbres de la superstition (1) !

---

(1) Un père appartenant à une famille respectable s'étant aperçu qu'on y avait entraîné ses deux fils, montés sur deux chevaux, s'arma d'un fouet et alla ainsi les chercher... Cette noble énergie en imposa, et personne n'osa s'y opposer.

IV.

Dès que la paix fut rendue à l'Église de France, on s'occupa de restaurer le sanctuaire de Notre-Dame de Cléry. Les dévastations des protestants n'avaient jamais été bien réparées et celles de la révolution étaient venues s'y adjoindre; cet édifice précieux menaçait ruine.

Le gouvernement s'en occupa; dès 1804, M. Rocher, architecte à Orléans, avait reconstruit avec un talent remarquable la grande croisée du dessus du portail latéral nord.

On avait aussi recueilli et réuni les débris de la statue de Louis XI qui, d'abord, fut placée au musée de Paris, mais qui, réclamée ensuite et restaurée de nouveau avec beaucoup de talent par M. Lenoir, fut replacée sur son tombeau. 1820 amena pour l'église des réparations très-importantes. Classée maintenant parmi les monuments historiques, elle obtiendra, nous en sommes sûrs, tous les soins qu'elle mérite.

Voici la description qu'en donne l'*Album du Loiret*, à qui nous avons déjà fait plus d'un emprunt: « Cette église, dans le genre gothique, suivant l'ex-
« pression la plus généralement adoptée, est digne
« de fixer l'attention des artistes et des archéolo-
« gues. Intéressante sous le rapport historique, elle
« ne l'est pas moins sous celui de l'art ainsi que par

« ses ornements. Son portail est majestueux et élé-
« gamment couronné par une petite campanille ;
« quatre autres entrées, dont deux principales, con-
« duisent dans l'intérieur ; à côté de l'entrée laté-
« rale nord, on remarque une grosse tour carrée,
« jadis surmontée d'une flèche qui a été détruite
« vers 1705. Des contreforts nombreux et bien dis-
« posés ajoutent encore à son aspect monumental
« extérieur. Sa forme, selon l'usage du temps où elle
« a été bâtie, est celle d'une croix, du centre de
« laquelle s'élève un clocher en forme de pyramide.
« A l'intérieur, sa nef principale, longue de 71^m
« 30^c (1) et large de 10^m 67^c, est éclairée par vingt-
« trois croisées dont les vitraux peints devaient pro-
« duire un bel effet, si nous en jugeons par ceux
« de la croisée du rond-point, qui ont seuls échappé
« à la destruction et qui représentent la Pentecôte.
« Les basses-nefs, dont la largeur est de 5^m 90^c,
« entourent la nef principale et contribuent à la
« beauté de l'édifice. Les chapelles, disposées assez
« régulièrement dans les nefs latérales et les voûtes
« grâcieuses et hardies qui ont survécu à tant de
« désastres, frappent d'un sentiment religieux au
« premier abord. La porte de la sacristie et celle du
« *capitulum* sont ornées de guirlandes de pampres

(1) Les mesures données ne sont pas celles de l'*Album*, on les a relevées dernièrement avec toute l'exactitude possible.

« refouillées profondément dans la pierre avec
« beaucoup d'art et une délicatesse infinie. La noble
« simplicité du chœur, au temps du Chapitre, et les
« mascarons des stalles étaient remarqués avec rai-
« son. Aujourd'hui le monument de Louis XI, ré-
« cemment replacé dans la grande nef, attire les
« regards et l'on ne peut guère se défendre d'un
« souvenir de reconnaissance et d'admiration en
« passant devant la chapelle de la famille du valeu-
« reux Dunois. »

Comme le remarque plus haut l'ouvrage que nous citons : « Dans son état actuel, cet édifice est com-
« posé des reconstructions faites sous Louis XI, évi-
« demment liées à des portions plus anciennes,
« faciles à discerner et qui doivent être du règne
« de Philippe de Valois. Alors le côté du nord-est,
« qui, suivant des chroniques manuscrites, fut peu
« endommagé lors de l'incendie de 1472 serait dû
« au soin du chanoine Marin, et tout le reste, ex-
« cepté les réparations faites après l'année 1563 et
« de notre temps, aurait été bâti sous la direction
« d'Antoine Beaume. »

Terminons ce qui a rapport à la description de cet édifice par la citation d'une note du même ouvrage : « Les ornements des portes de la sacristie et
« du Chapitre font à juste titre l'étonnement des ar-
« tistes. On ne sait ce que l'on doit le plus admirer,
« ou de leur ensemble qui ne laisse rien à désirer,

« ou de l'exécution des ornements rendus avec une
« grâce et une perfection telles, que nous avons
« entendu beaucoup d'artistes douter de la possi-
« bilité de les faire aujourd'hui avec la même déli-
« catesse. Les guirlandes qui entourent ces portes
« sont sculptées, ou pour mieux dire, ciselées dans
« l'épaisseur de la pierre comme de l'orfévrerie.
« Elles ont été dégagées entièrement avec une telle
« habileté qu'on aperçoit difficilement les attaches
« laissées aux blocs pour les soutenir, et que les
« moulures des colonnes continuent derrière les
« guirlandes avec autant d'égalité et de pureté que
« si elles avaient été tournées, poussées ou profilées,
« sans que les branches de pampres aient mis obsta-
« cle à ce travail surprenant et si difficile. Les stalles,
« assez bien conservées, offrent des têtes bizarres et
« des ornements curieux, dessinés avec goût et fort
« bien sculptés. »

Oui, il y a beaucoup à admirer; mais qu'il reste encore à faire, à refaire et à réparer !...

Il est digne d'un gouvernement réparateur de s'occuper d'une manière spéciale d'une église qui a l'honneur d'être en même temps l'un des sanctuaires les plus vénérés de notre patrie, une sépulture royale, et le tombeau du valeureux Dunois.

Toute la France applaudira quand cet antique sanctuaire aura retrouvé sa première splendeur.

L'image de Marie, en ce moment, est placée derrière le grand autel, dans une chapelle gracieuse et bien recueillie, laquelle atteste la piété des familles de Cléry, qui, pour la restaurer, s'imposèrent de généreux sacrifices.

Le marquis de Poterat, à qui nulle bonne œuvre n'est étrangère, eut l'initiative de celle-ci et se plaça à la tête des souscripteurs.

L'affluence des pélerins a diminué sans doute; mais il en arrive toujours, et outre ces multitudes qu'amènent les fêtes principales de la sainte Vierge, on en voit presque tous les jours venir se prosterner devant l'autel de Marie, pour solliciter des faveurs spéciales. Le bras de cette reine puissante n'est point raccourci, et son cœur ne s'est point refroidi pour ses enfants. Toujours elle se plaît à faire éclater ses miséricordes et à montrer la puissance de ses intercessions. En preuve, nous choisissons deux faits bien consolants, et dont les témoins vivent encore.

Le premier a eu lieu par rapport à un habitant des plus honorables du pays.

M. Lemaigre, père de M. Firmin Lemaigre, qui existe encore et qui nous l'a raconté, allait en voyage. Son cheval s'emporte, et il est désarçonné. Malheureusement, son pied était pris dans l'étrier. Comprenant le péril qu'il courait, il se souvient de Notre-Dame de Cléry et lui fait un vœu. Pendant l'intervalle d'une demi-lieue, il est traîné par son cheval, qui avait pris le mors aux dents.

Au moment où il peut se débarrasser, il reconnaît qu'il n'a aucun mal.

Le vœu fut exactement accompli, et une somme donnée pour l'embellissement du sanctuaire.

Il est difficile de méconnaître dans ce trait l'action miséricordieuse de Marie.

L'autre a quelque chose de semblable et n'est pas moins authentique. Les habitants de Cléry peuvent se souvenir d'avoir vu, il y a encore peu de temps; attaché contre les murs du sanctuaire, l'*ex-voto* qui avait été offert en cette occasion, et dont les peintures étaient destinées à en conserver la mémoire.

Jean-François-Hippolyte Gauthier, habitant de Meung, à l'âge de deux ou trois ans, fit une chute très-dangereuse : en jouant sur un lit, il échappa des mains de la domestique qui le faisait amuser et tomba sur la tête. Le mal ne parut pas tout d'abord, et la domestique n'eut pas soin d'avertir de l'accident. Mais bientôt les nerfs du cou se retirant peu à peu, la tête semblait s'enfoncer entre les épaules. L'enfant grandissait cependant, et son corps se développait ; mais les jambes restant sans forces et lui refusant leurs services, il demeura jusqu'à l'âge de douze ans sans pouvoir marcher.

C'est à cette époque que sa mère, femme très-pieuse, eut la pensée de le vouer à Notre-Dame de Cléry.

Elle le mit donc sur une petite voiture et l'amena ainsi jusqu'au sanctuaire. Là on récita sur lui des prières, on le bénit, et l'enfant fut rapporté chez lui sans que l'on eût remarqué aucun changement dans son état. Mais le lendemain matin, en s'éveillant, l'infirme ne se sent plus aucun mal. Il se lève, et tout joyeux court à l'appartement de ses parents. Il frappait à la porte, priant qu'on la lui ouvrît; et ceux-ci, quoique reconnaissant sa voix, ne pouvaient croire que ce fût lui. Ils ouvrent enfin, et qu'on juge de leur bonheur en remarquant que ses jambes le soutiennent, qu'il marche, que la difformité de son cou a disparu, qu'il est en parfaite santé! Ils firent faire l'*ex-voto* dont nous avons parlé plus haut, et depuis lors le fils ne manquait pas, tous les ans, au 8 septembre, de se rendre en pèlerinage à Notre-Dame de Cléry.

Plus tard, marié, il y conduisait ses enfants. L'un de ses fils, aujourd'hui âgé de soixante-deux ans, qui continue à y venir toutes les années, nous a rapporté lui-même le fait dont le souvenir est vivant dans toute sa famille.

Nous sommes convaincus que, pour peu que nous voulussions aller aux informations, il nous serait facile d'ajouter beaucoup d'autres traits tout aussi remarquables; mais c'est assez pour notre dessein.

Hélas! il faut bien en convenir, si Notre-Dame de Cléry est toujours la même, nous, nous avons beaucoup perdu de notre dévotion à son égard. *Via Sion lugent eo quod non sint qui veniant ad solemnitatem.*

Oh! non, les chemins qui mènent à Notre-Dame de Cléry ne voient plus habituellement cette multitude de pélerins, ces processions pieuses qui arrivaient recueillies auprès de leur tendre mère. Bien rarement ce vaste sanctuaire se remplit de leurs foules pressées; ses voûtes ne retentissent presque plus de leurs touchants cantiques... Mon Dieu! aurions-nous perdu la simplicité de la foi de nos pères? Ne serions-nous plus dignes des faveurs de notre mère? Ah! plus que jamais nous aurions besoin de recourir à sa maternelle protection. Que de misères nous assiégent! que de fléaux viennent nous assaillir! Hélas! nous gémissons, nous nous décourageons, et nous ne voulons pas nous souvenir que le remède est bien près de nous.

Il est vrai que, pour réclamer efficacement les faveurs de Marie, il faudrait mériter sa protection par une conduite sincèrement chrétienne. Mais y a-t-il quelque chose qui puisse nous en empêcher? Non, assurément, et mon cœur tressaille d'allégresse à la pensée que de nouveau l'influence de la dévotion envers la sainte Vierge nous ramènera à la pratique de nos devoirs.

Et cette espérance ne me vient pas seulement du mouvement général qui entraîne la société vers des principes meilleurs. Autour du sanctuaire de Cléry, je sens encore une action extraordinaire, et la foi de nos pères semble se réveiller. Grâce à la munificence de la famille du comte de Tristan, à laquelle est acquise la reconnaissance du pays, des écoles sont fondées pour la bonne et chrétienne éducation de la jeunesse. Un sage administrateur (M. Lochon), un maire qui comprend l'importance de ses fonctions, qui est digne de les remplir, et qui ne les accepta que dans l'intérêt de son pays, tourne ses soins vers cet auguste sanctuaire et semble vouloir hâter l'arrivée des jours meilleurs qui se préparent. Grâce à un magistrat aussi éclairé, aussi ferme que paternel (M. Edouard Baschet), l'union, la paix règnent parmi nous. Et voilà que Mgr l'Évêque, au milieu de ses hautes et si importantes préoccupations, s'est souvenu de Notre-Dame de Cléry : il a voulu lui donner des gardiens qui eussent pour mission spéciale de propager son culte... Déjà l'œuvre est fondée ; le pays l'a accueillie avec bonheur. Sous une telle protection, et à l'ombre des autels de Marie, elle ne saurait manquer de prospérer.

O Marie, ô tendre mère, puisse cette notice, qui vous est consacrée, contribuer un peu à propager votre culte, à étendre votre gloire ! Je serai amplement récompensé.

PRIÈRE DE SAINT BERNARD

A LA TRÈS-SAINTE VIERGE.

Souvenez-vous, ô très-douce Vierge Marie, qu'on n'a jamais ouï dire que personne ait eu recours à votre protection, imploré votre assistance ou demandé votre intercession, et que vous l'ayez abandonné. Animé d'une semblable confiance, je cours à vous, ô Vierge des Vierges et notre mère! je me réfugie à vos pieds, et, tout pécheur que je suis, j'ose paraître devant vous en gémissant. Ne méprisez pas, ô mère de mon Dieu, mes humbles prières; mais rendez-vous-y propice; exaucez-les, et intercédez pour moi auprès de votre cher Fils. Ainsi soit-il.

S. S. Pie IX, par un rescrit du 11 décembre 1847, a accordé une indulgence plénière chaque mois, au jour qu'on aura choisi, pourvu qu'on ait récité cette Prière tous les jours et qu'on remplisse les conditions ordinaires pour gagner les indulgences.

Orléans, Imp. d'A. Jacob, rue St.-Sauveur, 54.

www.ingramcontent.com/pod-product-compliance
Lightning Source LLC
Chambersburg PA
CBHW061014050426
42453CB00009B/1439